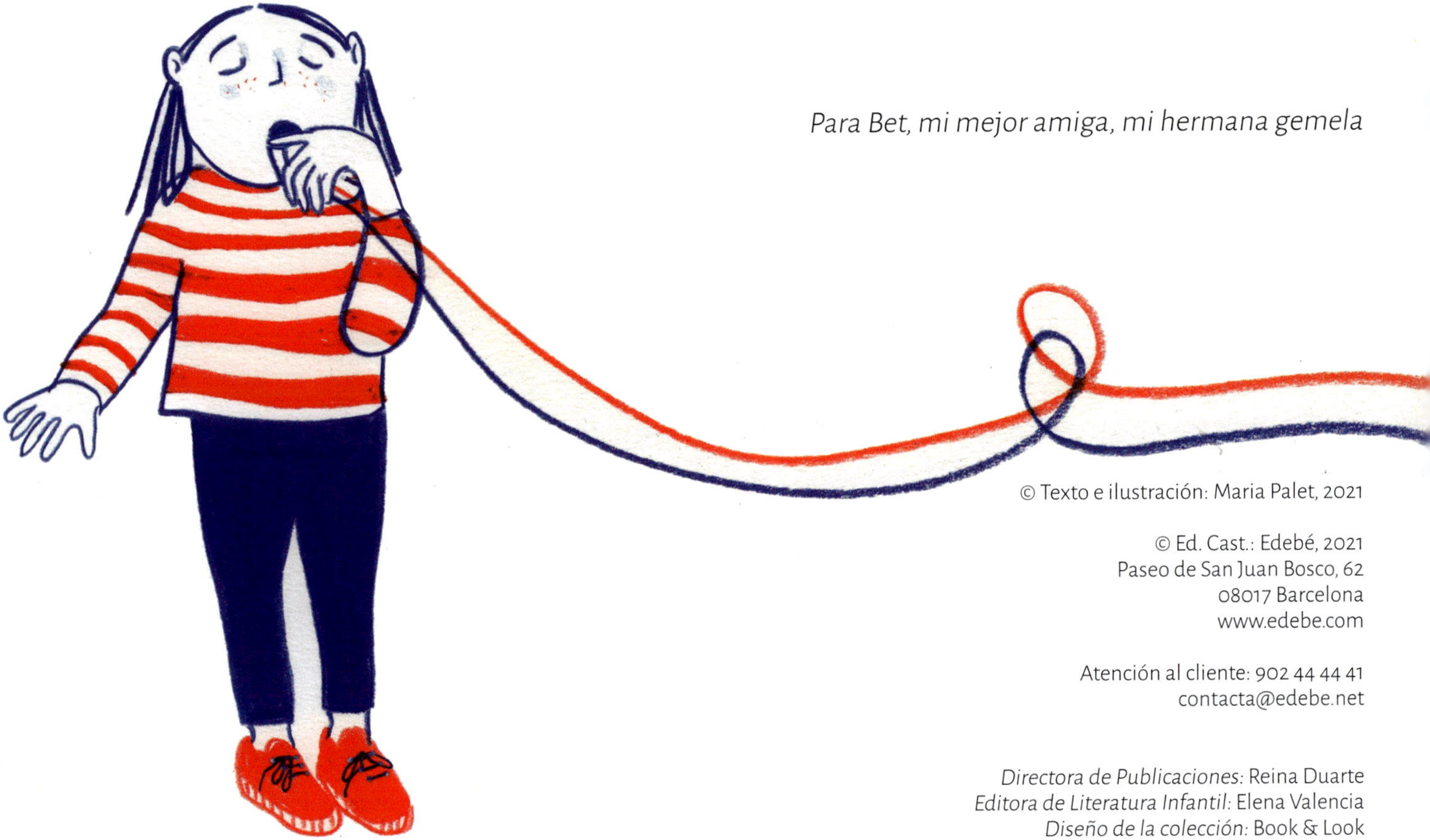

Para Bet, mi mejor amiga, mi hermana gemela

Paseo de San Juan Bosco, 62
08017 Barcelona
www.edebe.com

Atención al cliente: 902 44 44 41
contacta@edebe.net

Directora de Publicaciones: Reina Duarte
Editora de Literatura Infantil: Elena Valencia
Diseño de la colección: Book & Look

Primera edición, febrero 2021

ISBN: 978-84-683-4949-7
Depósito legal: B. 607-2020
Impreso en España
Printed in Spain
EGS - Rosario, 2 - Barcelona

Gemelas

Texto e ilustraciones: Maria Palet

edebé

Somos hermanas gemelas. Esto significa que crecimos juntas en la barriga de nuestra madre y salimos de ella en el mismo momento. Aunque llegamos juntas a este mundo, somos dos personas distintas, y somos muy amigas. ¡Qué suerte tenemos!

Nos parecemos muchísimo, tanto por fuera como por dentro, y a menudo nos preguntan: «¿Y tú cuál eres?». No somos iguales, pero nos suelen gustar las mismas cosas.

Cuando nos miramos, nos parece que estamos delante de un espejo. La nariz, la boca, los ojos...

¡Hasta nuestra voz se parece!

Y más allá de la apariencia, compartimos
la familia, la ropa, los amigos...

Y es que nos mires como nos mires...

... parecemos la misma persona.

Pero no, no lo somos...
Me gustaría tanto ser
ordenada como ella...

Ya me lo dicen, ya,
que soy la más traviesa...

Nos queremos muchísimo y nos gusta ver que la otra está bien. Y no..., no es verdad que, cuando a una le duele algo, a la otra también...

Intentamos hacerlo todo juntas, ¡siempre!
Y es que juntas somos mucho más fuertes.
Y nos lo pasamos tan bien...

No nos gusta que nos comparen. A menudo
nos preguntan: «¿Y quién es más...?».
Pero ¿a quién le gusta ser menos?

Hemos crecido tan juntas que a veces me cuesta saber quién soy yo.

Entonces nos separamos y nos damos cuenta de que, aunque nos parecemos mucho, somos personas únicas y que...

Cuando estamos las dos, todo es más fácil y divertido.

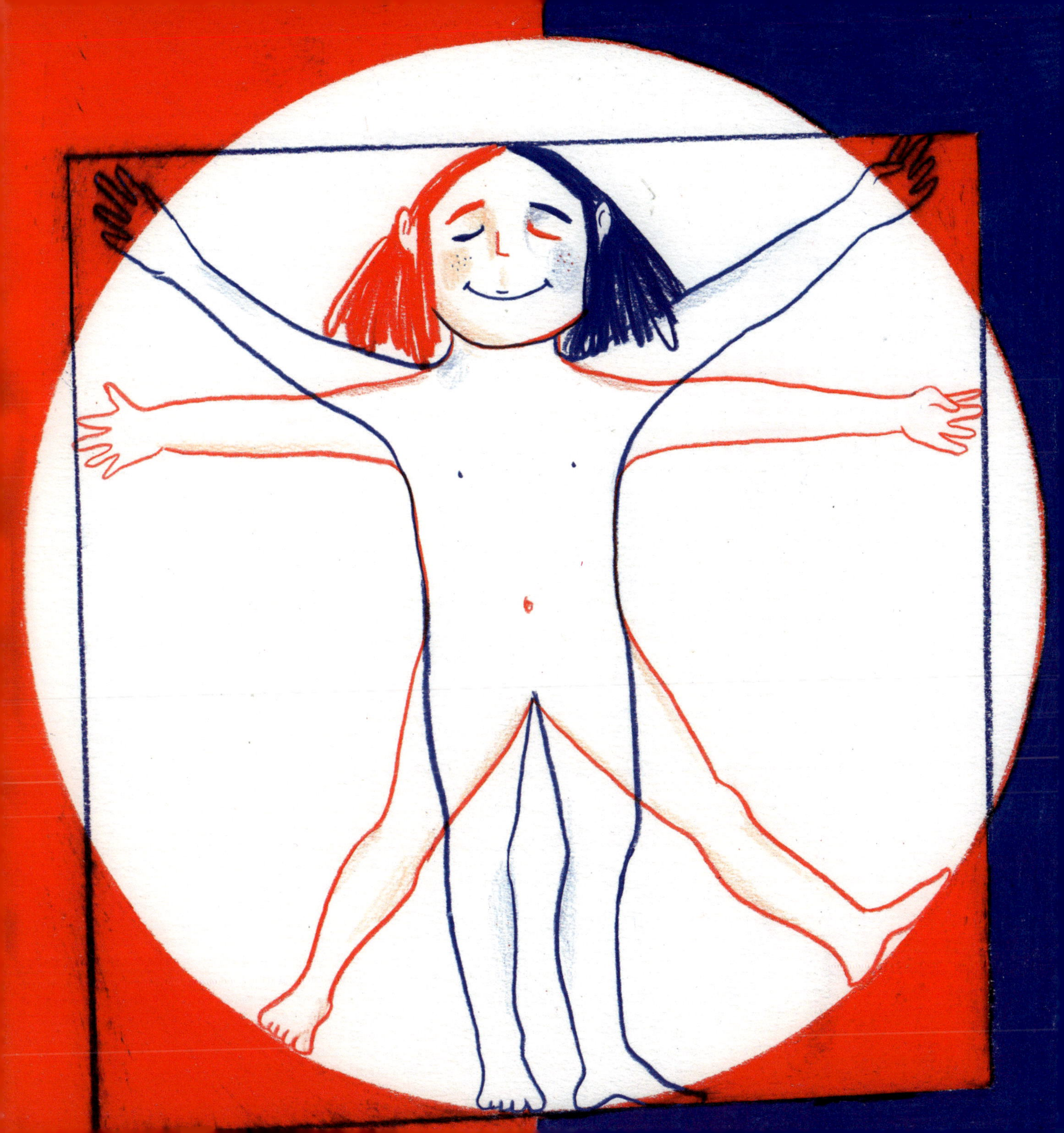

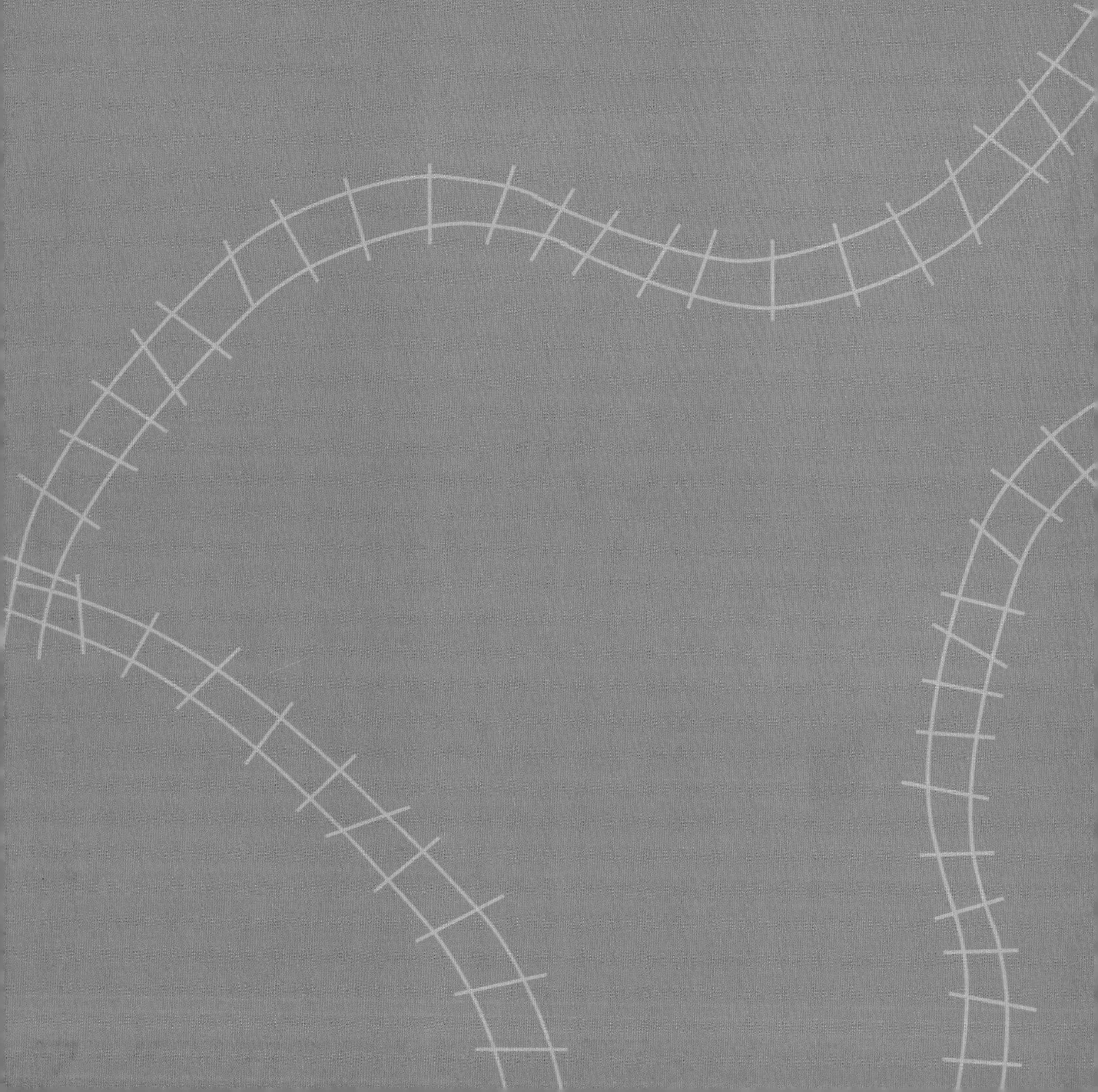